嵩山少林寺
旧｜影

［日］增田龟三郎
著

赵省伟
主编

孙向召
编

王雨柔
译

北京日报出版社

图书在版编目（CIP）数据

东洋镜：嵩山少林寺旧影 /（日）增田龟三郎著；赵省伟主编；孙向召编；王雨柔译. -- 北京：北京日报出版社, 2024.8
 ISBN 978-7-5477-4959-3

Ⅰ. ①东... Ⅱ. ①增... ②赵... ③孙... ④王... Ⅲ. ①少林寺 - 图集 Ⅳ. ①K928.75-64

中国国家版本馆CIP数据核字（2024）第105564号

出版发行：北京日报出版社
地　　址：北京市东城区东单三条8-16号东方广场东配楼四层
邮　　编：100005
电　　话：发行部：(010) 65255876
　　　　　总编室：(010) 65252135
责任编辑：卢丹丹
特约编辑：陈思圆
印　　刷：三河市万龙印装有限公司
经　　销：各地新华书店
版　　次：2024年8月第1版
　　　　　2024年8月第1次印刷
开　　本：787毫米×1092毫米　1/16
印　　张：11
字　　数：157千字
印　　数：1—2000
定　　价：128.00元

版权所有，侵权必究
未经许可，不得转载

出版说明

　　1922年，日本木材商增田龟三郎带着摄影师，来到嵩山，实地考察少林寺，并拍摄大量照片，是迄今为止较为全面的少林寺的影像记录。本书照片原收录于鹫尾顺敬编著的《菩提达摩嵩山史迹大观》，为读者带来少林寺被焚烧前的寺庙建筑、佛像、壁画照片，具有很高的史料价值。

　　本书包含嵩山旧照片124张，按照空间序列记录了嵩山、少室山，以及少林寺及少林寺周边建筑的影像。

　　二、由于年代已久，书中部分照片褪色，为更好呈现出照片内容，我们对图片进行了统一处理。

　　三、为方便读者阅读和理解，我们对照片进行了统一排序编号，并对图注做了一定修改，使其更符合我们的阅读习惯。

　　四、由于能力有限，一些图片的具体名称无法查出，在书中对图片进行了说明。

　　五、由于资料繁多，出版过程中难免有错误、遗漏，望广大读者批评指正。

　　最后，感谢杨葵老师为"东洋镜"题字。

编者

自 序

  1917年左右开始，我就经常去中国旅行。

  1920年六月，洛阳的朋友告诉我那里有上好的桐木，写信问我是否要前去查看，我想着无论如何也要去看一看，便以最快的速度整顿好行囊前往中国，经过上海、汉口中转来到了洛阳。我在名为大金台的旅馆中住了一段时间，每天都骑着毛驴前往目的地进行勘察研究，正如朋友所说，确实有非常好的桐木。但是，运送木材的难度超乎想象，就算将木材砍伐完毕，运送回国也需要花费大价钱。我的朋友不仅精通中国话，还具备很高的中国文化素养，对于历史古迹也是如数家珍。

  洛阳是有名的古都，在考古学上也很有价值。对历史和考古感兴趣的人，如果在洛阳住上几天，游历完洛阳各地的名胜古迹会感到回味无穷，完全不会腻。

  我也略有此兴，去了近来因发掘出众多陶俑而闻名的北邙山，还去了以石佛闻名天下的龙门，把寻找桐木之事抛诸脑后，每日兴致盎然。

  朋友看到我对这些历史古迹这么感兴趣，就提议带我去看达摩大师的圣迹。本来我们家所信仰的佛教宗门是净土宗，所以并不了解达摩大师的宗教经历，我对达摩的认知只停留在达摩画像和达摩雕塑。

  我甚至以为达摩大师是一个架空的虚构人物，怀疑这个圣迹本身是不是也是中国人自己捏造出来的，不愿轻信。但是，我的朋友为我介绍了少林寺的由来和此地名迹，达摩大师是传承了释迦牟尼的佛教第二十八祖，是中国禅宗的始祖和中国佛教的杰出人物，听了朋友的说明，我深感惭愧，这些我都是初次听闻。不过，彼时河南是土匪猖獗之地，特别是嵩山地区尤甚，能去朝拜的机会不多。我决定同朋友尽快前往嵩山少林寺。从洛阳到少林寺大约有40公里，道路还算平坦。另一方面，从陇海线偃师站到少林寺大约有

32公里，路上有石子路，还要跨越山脉，路比较难走。我们一行人从洛阳坐火车到达偃师站然后入住了当地的旅舍，第二天早晨骑毛驴出发。踏过了浊流涛涛的洛水，路过了营防口、府店镇等小村庄，参驾店这个小村庄非常热闹，偃师站到这里大约有24公里，有许多的旅人驾车、骑毛驴从这里往来通行。从参驾店到少林寺，有8公里山路。参驾店的前面是轩辕关这一古道。轩辕关位于登封市与偃师市的交界地带，是在唐代开凿的古道，据古史记载，轩辕关位于此道的东方6公里处，现在被称为古轩辕关。我们从毛驴上下来，徒步走上了崎岖的山路，一步一步前进，时而望向河道南边的旷野，黄河、洛水就在我的咫尺之间，我边眺望着这一切边走着，忘记了旅行的疲惫，也逐渐忘记了对于土匪出现的担心忧虑，就这样过了轩辕关。过关之后，下一个到达的地方是萼岭口。很轻松地越过此处，少室山的雄姿就这样展现在面前，少室山是嵩山西峰，与众峰一起组成了雄伟的嵩山。嵩山是中国的五大名山之一，被称为"五岳"之"中岳"。虽然也没有感觉特别高，但是看起来却非常雄浑，至今还令我非常怀念。随着步履的加快，少林寺的碧瓦朱栏在棵棵老松古柏间逐渐显现，以少室山为背景，这派景色恰似一幅旷世名画。少林寺位于少室山五乳峰之下，占地约3万平方米。寺庙的前方，也就是南方有一条少溪河流过，溪流南岸有一南园，又称周府庵，外立一座墙，是进入少林寺的第一门，上书"天中福地"。河流北岸山门前的左右有一对石坊，左边的是"东石坊"，右边的是"西石坊"。"东石坊"外侧题额"祖源谛本"，内侧题额"跋陀开创"。左右的石柱上刻对联为"心传古洞，严冬雪拥神光膝；面接高峰，静夜风闻子晋笙"。"西石坊"外侧题额"嵩少禅林"，内侧横额刻正书"大乘胜地"。左右的石柱上刻对联为"地在天中，四海名山为第一；心传言外，十方法教是初元"。山门在清朝雍正十三年（1735）时敕令修建，在踏入山门之后，西侧石碑林立，天王殿前也有诸多石碑耸立。继续向前进，左侧第三座石碑是首座元末时从海外入山的石碑，署名是"日本国山阴道但州正法禅寺住持沙门邵元撰"，即现存于少林寺的第十五代住持息庵禅师行实之碑。我站立于碑前感慨万千，面对远离故国来到千里之外的中国精进求学的故乡圣人，我的敬意从心底油然而生。

进入天王殿，首先映入眼帘的是金刚的雕塑，即使不是专家也一眼就能看出确实是非常精美的作品。金刚雕塑的后方是四大天王的雕像，非常可惜的是这些雕像已经严重损坏了。匾额上的"少林寺"三字是清朝康熙皇帝亲笔所题的。

通过天王殿之后，左为鼓楼，右为钟楼。鼓楼是由涂了朱漆的三层阁楼组成，但因为是四重檐十字歇山顶结构，所以看起来更像是四层楼阁式建筑。鼓楼高度大约有30米，鼓楼南侧的柱子上刻有大德六年（1300）的铭文，这是鼓楼竣工的时间。鼓楼内曾有千佛陈列，但因鼓楼原殿曾被焚毁，大多都已破败荒废。

鼓楼的南侧是跋陀殿，有一尊跋陀禅师的雕塑被安置于此处。跋陀禅师是少林寺的开山鼻祖，北魏孝文帝是为了跋陀禅师专门敕令修建的少林寺，在少林寺建成三十余年后，达摩祖师踏上了中国的土地。钟楼在鼓楼的西面，其构造与鼓楼对等，也是在同一时代建成的。在钟楼的边上大概6米左右的地方有一个刻有"奉和"字样的铭文的大钟，其下方的大铁佛已经破碎，大钟也已经损坏。过去，每当大钟敲响，方圆20公里内都能听见钟声，而现在已经听不见这样的钟声，实在令人惋惜。

钟楼的前方是太宗文皇帝御书碑。碑文中"世民"二字便是唐太宗的亲笔。其左边的碑是小山禅师的石碑。

钟楼的南侧是裕公禅师碑与第二十六代道公禅师碑。左边的是裕公碑，由赵子昂所书，道公碑则是由董其昌所书。我一直甚为敬仰赵子昂和董其昌两位名家，此时两座石碑就在我的目光所及之处，即使我不是这方面的专家，但在仔细观察这些石碑的时候，我的喜悦之情也溢于言表。

我走过了乾隆帝的御碑亭，到达了紧那罗殿，殿内放置了一尊紧那罗王的雕塑。尽管并不了解紧那罗王的来历，此时我也为这尊雕塑而倾倒。这座三尊像上刻有"大齐天保八年岁次丁丑十一月廿九日"的造像铭文，北齐碑像上刻有"武平元年（570）""武平二年（571）"字样的造像铭文。其他还有一些诸如"六朝后魏""六朝齐"字样的铭文，不过其是否真的属于六朝时代尚还存疑。

穿过千年古柏树，我来到了大雄宝殿。大雄宝殿坐北朝南面向少室山，即嵩山。大雄宝殿正中悬挂康熙皇帝御笔"宝树芳莲"。大雄宝殿在雍正十三年时奉敕令重修，所以殿内的佛尊像非常宏伟壮丽。本尊佛像后面还有精美绝伦的壁画，作画者是雨山大师。

殿内还收藏有《大藏经》，但可惜并不是完本。其建筑物也异常华丽气派。圆柱形的精美雕刻将佛殿的雄伟豪壮体现得淋漓尽致。殿内还陈列了许多行装用具。少林寺历代曾被册封为二品官的住持，在外出之时都会使用这些行装用具，以彰显册封之殊荣。后廊的壁画出自宣山大师之笔。殿前种了几棵娑罗树，我听说初夏时此树会开出淡紫色的花朵，非常美丽。

大殿的西方是六祖殿，供奉着观音和六祖，这里也有许多精妙的壁画。壁画上有历代僧二十九人的图像，十分引人注目。与此同时，看到已经荒废了的西库等建筑物，我的心中难免黯然神伤，深感惋惜。西面的客堂是僧舍司的所在之处，这里也是登封七十二寺庙总管僧侣的地方。西客堂最终也是荒废了。

接下来我移步前往东客堂，这里是前来参拜的人休息留宿的地方，农闲的时候这里会有非常多的参拜人。据说有时甚至能达到二三百人之多。

大殿的后方是一座坐北朝南的法堂。有一尊本尊佛像，达摩大师像就被安置于此地。大师目光炯炯，神态活灵活现，仿佛在斥责那些道德败坏的僧侣和世人。在达摩大师像前方有一块面壁石，被称为"面壁影石"。传说达摩大师在少林寺后山面壁九年，其坐像便映入石中，石头上隐约可以看到达摩影像，故称该石为"面壁影石"。不过我们无缘得见。

法堂后面是方丈室，也是坐北朝南的面向。乾隆帝留宿此处后便改名为"龙庭"，现在也依然被称作"龙庭"。虽然有正门但是常年上锁无法进入，东边的通用门现在用于进出。

龙庭的东方是廊然堂，同样是坐北朝南。龙庭的正西方就是方丈退隐处，乾隆帝驻留少林寺的时候，敕令住持将居所移至此处，自此以后成了历代住持的居所。龙庭的西面有一座面朝东方的东厢房，与之相对的，也有一间西厢房存在。这几处地方也已经荒废了。

东厢房与西厢房相对，位于西面。过去曾是寺内僧侣研究学问的地方，如今也已经废弃。据说，山中常有盗贼出没，而防御盗贼需要一定的经费，所以寺庙挪用了修缮学问所的经费，这直接导致了学问所的破败。

立雪亭坐北朝南，位于龙庭后方。相传这里是二祖慧可侍立在雪地里向达摩祖师断臂求法的地方，殿内供奉着达摩铜坐像。殿内悬挂着清乾隆帝御书的"雪印心珠"匾额。立雪亭后是千佛殿，它坐北朝南，位于少林寺的最深处。

少林寺的伽蓝配置排布井然有序。千佛殿别名"毗卢阁"，是明代慈圣皇太后拆伊王府殿材而建成的，殿内还悬挂清乾隆皇帝御书的"法印高提"匾额。殿内还有雕漆的达摩塑像，我认为这应该是明代之前的作品了。此外，殿内还有五百罗汉的壁画。这些壁画的作者正是绘制六祖殿内历代僧二十九人画作的雨山大帅。

殿内还有雕刻着明代铭文的石佛，虽与紧那罗殿内的石佛相比稍有几分逊色，但无疑也是一座旷世名作。

地藏殿坐西朝东，位于千佛殿的西面。殿内的地藏王菩萨像温润如玉，工艺十分精美。此外殿内还有阎王和十王像屹立。十王像即秦广王、楚江王、宋帝王、五官王、阎罗王、卞城王、泰山府君（也称泰山王）、平等王、都市王、五道转轮王。

白衣殿位于千佛殿东侧，与地藏殿的位置相对应。殿内的白衣菩萨塑像相貌美丽，将佛教艺术的魅力体现得淋漓尽致。

殿内的壁画绘制了少林武僧演武格斗的画面，画工精湛，场面震撼。壁画中出现的拳法正是传承下来的少林拳法，少林拳法名扬天下，时至今日，寺内也有武僧们在练习少林拳法。僧会司的恒林和尚便是拳法方面的大师级人物。

少林寺伽蓝的西面二百米处有一座台子，名为甘露台。传说当年跋陀大师在此地翻译佛经时，恰逢天空降下甘露，故而得名。不过甘露台现在已经荒废，现在仅存殿基和一座精美的雕像暴露在风吹日晒当中，已十分潦倒破败。

我们边感叹着这一切边走向少林寺的塔林。这里距离少林寺有六七百米，有少林寺历代高僧的塔碑林立。塔林占地约占地面积约两万多平方米。往千年古柏树的更深处走去，会看到许多宏伟壮观的塔。法玩禅师、晋国公福裕，即福裕禅师等数不尽的大师的塔碑均立于此地。

显教圆通大禅师的塔碑也在少林寺塔林之中，其塔铭由日本僧人邵元禅师撰写并书丹。

穿过塔林之后，我们一行人来到了初祖庵进行礼拜。初祖庵位于少林寺的西北方向八九百米处的一座高台上，具体位置在五乳峰其中一峰金鸡山山脚下的小山丘上。据说初祖庵的本殿是在宋代建造的，大殿整体由老旧的木材建成。大殿内供奉着一座达摩大师的雕塑。初次来到初祖庵最令我震惊的是大殿的石柱，石柱共有四根，表面是四大天王的画像，内侧雕刻着盘龙的图案，颜料色彩鲜明。周围六七尺（2—2.3米）的地方立了四根八角形石柱，十分雄浑壮丽。

初祖庵大殿内还有达摩祖师座下二十七代传统僧像的壁画，作画人是雨山大师。大殿的右方有一棵少林禅宗六祖慧能亲手种的柏树，据说这是六祖慧能大师用钵盂从广东带回的一棵柏树苗，如今已经长成参天大树。

进入初祖庵的内殿，眼前荒废破败的景象令我咂舌。仿佛是经历了一场大灾难般，房屋破碎，石柱倾倒，佛尊的塑像暴露在风吹日晒之中，俨然一幅惨象，令人心生悲戚。

初祖庵的东面有一座西来庵，是供奉达摩大师父王母后的地方。

离开少林寺向西北方向行走不到四千米左右有一个"面壁洞"，它位于金鸡山半山腰的位置。这是一个天然的钟乳石石洞，洞大约有二十平方米大小，洞内供奉着达摩大师与慧可禅师的石像，洞外有一座石坊，石坊北面横额刻"东来肇迹"四字，南面横额刻"默玄处"三字。

二祖庵位于少林寺西南处六千米左右的钵盂峰顶处，其内供奉着二祖慧可禅师的雕塑。慧可禅师曾在此地修行，周围壁立千仞、环境幽静，是修行的绝佳场所。

我们总共在少林寺留宿了两晚，被跳蚤、蚊子、臭虫等害虫折磨得苦不堪言。在客堂我们与僧舍司的人畅所欲言，我向他们提问道："你们有修缮那些废弃的伽蓝的打算吗？"，僧舍司的人表示有些为难，毕竟他们的情况也很窘迫，要保证少林寺内僧人的衣食就已经十分困难了。

日本禅宗的僧侣和信徒表示，他们十分关心这座有着千年历史的灵地，希望能为少林寺提供相关援助。这份热情的好意令我十分感动，我也希望能做出自己的一份贡献。这次旅途对我而言是收获满满，在返回的途中也仍令我回味无穷。

后1922年5月，在摄影师和助手的陪伴下，我从北京出发再一次前往了少林寺，在少林寺僧侣的帮助下，我们完成了对伽蓝、塔碑等建筑的摄影与拓写。我们当时所经历的困难，是三言两语所无法道尽的。

增田龟三郎

序言

嵩山自古以来便被称为"五岳"之"中岳",是诸多僧道的隐居之地,同时又因其风光秀丽的美景而扬名于天下,是被赞为"帝畿之灵境,阳城之福地"的风水宝地。佛教的东传,也与此地有着深厚的因缘关系。北魏孝文帝迁都洛阳之后,在少室山修建了诸多寺塔,将佛陀禅师请来安置于此地。这里就是后来的少林寺所在之处。古言道:"四海息心之俦,闻风响会者,众恒数百",可见佛陀的法缘之盛。他的弟子惠光、道房、稠禅师等人,在其门下潜心研究佛法、传播佛教。少林寺在其建设之初便与中国的佛教发展有着密不可分的联系,它是当时佛教的重要道场。此外,在佛陀宴坐之所的少林寺西台,菩提流支和勒那摩提等高僧就曾在这里翻译了《十地经论》,菩提流支的弟子道宠在学习《十地经论》之后成立了"地论宗"这一佛教宗派。唐代高僧玄奘自西域取经归来之后,曾向唐皇请求在此地参与译经相关的大业,其中一个理由是玄奘偏爱此地的幽静安宁,还有一个原因则是仰慕当年菩提流支在此地译经的佳话。北周武帝灭佛之时,少林寺也未能幸免,直至北周静帝大象年间才得以重建复兴,随后安置了一百二十多位"菩萨僧"住在寺内,惠远、洪遵等高僧也在其中。在唐玄宗时代,普寂禅师主要宣扬北宗禅法,金刚智、善无畏、三藏等大师,也和住在嵩山嵩阳寺修行的一行禅师一样,共同潜心研究密法的奥义。就这样,在少林寺"禅、律、显、密"各宗百花齐放共同发展,影响范围非常之广泛,成为一代代高僧圣人的栖居之所。

然而,少林寺之所以在后人耳中得以闻名,原因远不止于此,比起这些高僧圣人在少林寺留下的足迹,禅宗祖师达摩和其拳法有着巨大的影响。自唐朝之后禅宗兴起,达摩大师与少林寺就有着密不可分的联系,说到少林寺就会联想到达摩大师，说起达摩大师又会立刻联想到少林寺。在达摩大师的传记中虽没有明确的记载，但达摩大师曾在嵩山少林寺住过是毋庸置疑的。《续高僧传》曾记载："初达宋境南越，来又北度至魏，随其所止，诲以禅教。"《释僧可传》中也记载了："遇天竺沙门菩提达摩游化嵩洛，可怀宝知道，一见悦之。"唐开元十六年（728）所建造的嵩山少林寺碑文上也写道："复有达摩禅师，深入惠门，津梁是寄；弟子惠可禅师等，玄悟法宝，尝托兹山。"当然，今天的初祖庵和二祖庵遗址早已不是当年的真迹，但是达摩与慧可两位大师曾经来过此地是毋庸置疑的事实。达摩大师因与梁武帝面谈不契，于是北上来到嵩山少林寺，一个原因是因为嵩山风景秀丽，是进行禅思的绝佳场所，还有一个原因是佛陀禅师曾在此地修行过，达摩不仅在少林寺继续开拓禅教，将此地当作修行的中心道场，也时而外出前往京城洛阳等地游化。从此，少林寺成了达摩大师所居住的圣地，这一说法并非空穴来风。少林寺的拳法究竟是在何时由何人所创立的，我们这些后人无从得知，根据少林寺的碑文所示，在隋末战乱中，少林寺多次遭受大的兵火之灾，寺内的僧徒纷纷参与对抗，直到唐太宗时代，少林寺才得以恢复重建。寺庙的西北五十里处有一个叫柏谷坞的天险之地，易守难攻，属兵家必争之地，王世充便将其征用为军事要塞，自己镇守洛阳；驻守柏谷庄的少林武僧志操、惠锡、昙宗等因不满王仁则侵占少林寺封地，便"率众以拒伪师"，生擒王仁则献于唐太宗。隋朝前后，群雄四起，天下分崩离析，少林寺的僧众们也纷纷奋起自卫保护少林寺，这不是正如我国古代的僧兵一样吗？众人纷纷在暗地里精进武艺保家卫国，其拳法也是由僧徒众人合力编成的。

拳法我们暂时搁置不谈，嵩山少林寺和佛教的关系是密不可分的，少林寺一直以来都是中国的第一名刹。尽管少林寺的声名享誉天下，影响了整个中国的佛教发展，但是少林寺也曾经历过短暂的失势，曾经颓废过一段时间，不过在宋元明清时代又得以重建，今日我们所见到的少林寺已不是曾经的古建筑，东魏北齐造像也仅存一二，唐宋时期的碑石更是所剩无几、屈指可数。这实在是历史的一大遗憾。回过头来再看当时人民的现状,乱世之中,万物皆苦,国内的骚乱究竟是何时停止的我们不得而知,少林寺的佛教传承是在经历了种种之后才走到今天,在数百年后,现在的少林寺又会变成一番怎样的景象,遭遇怎样的命运呢?世事无常,我们难以预料。增田龟三郎对此地颇有感触,于是来到了实地参观,或是作画又或是摄影,来纪念这一切,煞费苦心之后,终编成了本书。希望能将少林寺的现状记录下来,流传后世,也能为学术研究界提供研究的资料。当然,我也认为本书能为后世学者的研究提供重要帮助。由于篇幅受限,按照作者的意愿要求,以上就是我为本书所题的序,由此来向读者们介绍这部作品。

1931年一月
松本文三郎

目录

图1.自河南省偃师县参驾店郊外东昌寺望轩辕关……001
图2.塔林……003
图3.自南面望嵩山……004
图4.自南面山谷望少林寺……005
图5.峨岭口……007
图6.自南面山谷望少室山与少林寺塔林……008
图7.自南面山谷望少林寺全景……009
图8.少室山少林寺全景……011
图9.石坊……012
图10.南园……013
图11.少林寺外墙门……014
图12.少林寺山门……015
图13.天王殿……016
图14.韦陀天尊……017
图15.康熙帝御笔匾额……019
图16.天王殿碑林……020
图17.跋陀殿内跋陀像……021
图18.跋陀殿……023
图19.鼓楼……024
图20.钟楼……025
图21.三世十方诸佛群像……027
图22.自东面望钟楼……028
图23.六祖殿……029
图24.磬……030
图25.大雄宝殿前娑罗树……031
图26.六祖殿内壁画（一）……032
图27.六祖殿内壁画（二）……033
图28.六祖殿内观音、达摩、慧可像……034
图29.荒废的僧房……035
图30.荒废的库房……036
图31.唐太宗御碑（一）……037
图32.唐太宗御碑（二）……038

图33.乾隆帝御碑亭……………039
图34.紧那罗殿……………………041
图35.紧那罗殿内石刻佛像（一）…042
图36.紧那罗殿内石刻佛像（二）…043
图37.紧那罗殿内石刻佛像（三）…044
图38.紧那罗殿内紧那罗王像………045
图39.大雄宝殿……………………047
图40.大雄宝殿主佛本尊……………048
图41.大雄宝殿内的仪仗用具（一）049
图42.大雄宝殿柱础…………………051
图43.大雄宝殿内的仪仗用具（二）052
图44.大雄宝殿内壁画………………053
图45.寺内东边道路…………………055
图46.少林寺僧兵……………………057
图47.西客堂…………………………058
图48.破败的西禅堂…………………059
图49.东客堂的接待室………………060

图50.东客堂…………………………061
图51.法堂……………………………063
图52.法堂内的经库…………………064
图53.法堂内的主佛、达摩像
与面壁石……………………065
图54.方丈室正门……………………066
图55.方丈室…………………………067
图56.廓然堂…………………………069
图57.方丈退隐处……………………071
图58.东厢……………………………072
图59.西厢……………………………073
图60.立雪亭…………………………075
图61.立雪亭达摩像…………………077
图62.地藏殿内的地藏菩萨像………079
图63.地藏殿…………………………080
图64.地藏殿内的阎王
及十王像（一）……………081

图65.地藏殿内的阎王
及十王像（二）·················083
图66.白衣殿内的白衣菩萨像·······084
图67.白衣殿·····················085
图68.白衣殿内的壁画（一）········087
图69.白衣殿内的壁画（二）········089
图70.千佛殿·····················090
图71.千佛殿内主佛················091
图72.千佛殿内的壁画——五百罗汉 093
图73.千佛殿内的达摩像············094
图74.千佛殿内的石佛··············095
图75.甘露台·····················096
图76.少室山远景··················097
图77.少林寺塔林··················099
图78.塔林中的裕公塔··············100
图79.裕公碑·····················101
图80.塔林中的古岩禅师寿塔········102

图81.塔林中的唐塔················103
图82.初祖庵·····················105
图83.初祖庵内的达摩像············106
图84.初祖庵主殿的石柱（一）······107
图85.初祖庵主殿的石柱（二）······108
图86.初祖庵主殿内的壁画··········109
图87.初祖庵院内碑林··············110
图88.初祖庵中的塔················111
图89.初祖庵内殿残影··············113
图90.初祖庵内景象················114
图91.面壁洞前的石坊··············115
图92.面壁洞·····················116
图93.六祖手植的柏树··············117
图94.二祖庵·····················118
图95.二祖庵内慧可像··············119
图96.钵盂山·····················121
图97.炼魔台·····················123

图98.法王寺全景……………124
图99.法王寺十五层砖塔………125
图100.永泰寺石雕香炉…………126
图101.嵩阳寺伦统碑……………127
图102.会善寺净藏禅师塔………128
图103.嵩岳寺塔（一）…………129
图104.嵩岳寺塔（二）…………130
图105.碑楼寺刘碑正面…………131
图106.碑楼寺刘碑侧面…………132
图107.释迦如来双迹灵相图……133
图108.萧梁达摩大师碑…………134
图109.达摩大师折苇渡江图……135
图110.慧可禅师像………………136
图111.少林寺手绘全景图（一）…137
图112.少林寺手绘全景图（二）…138
图113.少林寺院图………………139
图114.少林寺伽蓝图……………140

图115.初祖庵图…………………141
图116.山门内达摩像碑…………142
图117.双履西归像………………143
图118.钟楼下鱼蓝菩萨像………144
图119.观音像碑…………………145
图120.千佛殿外关夫子像碑……146
图121.紧那罗像…………………147
图122.初祖庵影石………………148
图123.五乳峰面壁洞……………149
图124.钟馗像……………………150

后　记……………………………151

图1.自河南省偃师县参驾店郊外东昌寺望轩辕关

轩辕关又名"娥岭关",位于洛阳市偃师区南的太室、少室两山之间,东面是太室山,即嵩山主峰,南面是少室山。

图2. 塔林

图3.自南面望嵩山

嵩山,现位于河南省洛阳市,是中国"五岳"之"中岳"。

图4. 自南面山谷望少林寺

图5. 峨岭口

图6.自南面山谷望少室山与少林寺塔林

少室山,又名"季室山",是嵩山的主峰,位于今天的河南登封市西北。少室山下的少林寺塔林是中国现存规模最大、数量最多的古塔建筑群,被称为"塔林"。

图9.石坊

石坊是少林寺东西方向的标志。

图8·少室山少林寺全景

图7.自南面山谷望少林寺全景

图10. 南园

南园即少林寺永化堂，创立于1592年，至今（2024）仍存。

图11.少林寺外墙门

图12. 少林寺山门

建于雍正十三年（1735），1974年重新翻修，门额上有康熙帝御笔"少林寺"。

图 13. 天王殿

天王殿位于碑林尽头,少林寺中轴线上,供奉着四大天王,是佛教寺院内第一重殿,初建于元,明、清多次翻修。"天王殿"三字是康熙帝御笔亲题。

图14.韦陀天尊

图15.康熙帝御笔匾额

康熙皇帝曾亲自为少林寺题写的"少林寺"匾额,但原匾额在民国年间被毁。

图16.天王殿碑林

碑林位于甬道的两旁,天王殿前面,因碑石如林而得名"碑林"。

图17.跋陀殿内跋陀像

跋陀是少林寺的第一位住持。

图18. 跋陀殿

图19.鼓楼

鼓楼，坐落在大雄宝殿的西侧，与钟楼相对。1928年毁于战火，1996年重建。

图20.钟楼

钟楼位于大雄宝殿的东侧,创建于1345年,1928年毁于战火,1994年重建。

图21.三世十方诸佛群像

图22.自东面望钟楼

图23.六祖殿

六祖殿在大雄宝殿的西侧,与紧那罗殿相对,创建于金泰和六年(1206),至今仍存。

图24. 磬

图25.大雄宝殿前娑罗树

图26.六祖殿内壁画（一）

图27.六祖殿内壁画(二)

图28.六祖殿内观音、达摩、慧可像

中为观音,左为达摩,右为慧可。

图29.荒废的僧房

图30.荒废的库房

图31.唐太宗御碑（一）

图32.唐太宗御碑（二）

唐太宗御碑位于大雄宝殿左侧，立于唐开元十六年（728）。

图33.乾隆帝御碑亭

御碑亭,碑上刻着清乾隆皇帝南巡开封吹台时亲笔写的一首诗。

图34.紧那罗殿

紧那罗殿位于大雄宝殿月台东侧,坐东向西,在紧那罗殿西南,原有"御碑亭"建于清乾隆十五年(1750),该亭于1928年遭焚毁,现仅存御书诗碑及亭基。

图35.紧那罗殿内石刻佛像(一)

拍摄于1920年的紧那罗殿内石刻佛像。

图36. 紧那罗殿内石刻佛像（二）

图37. 紧那罗殿内石刻佛像（三）

图38.紧那罗殿内紧那罗王像

拍摄于1920年的紧那罗王像。

图39.大雄宝殿

大雄宝殿位于天王殿后。大雄宝殿是寺院佛事活动的中心场所,与天王殿、藏经阁并称为三大佛殿。原建筑毁于1928年。

图40.大雄宝殿主佛本尊

大雄宝殿中供奉本师释迦牟尼佛像。

图41.大雄宝殿内的仪仗用具（一）

图42. 大雄宝殿柱础

图43.大雄宝殿内的仪仗用具(二)

图44.大雄宝殿内壁画

图45. 寺内东边道路

图46.少林寺僧兵

少林寺僧兵是少林寺武僧团的前身,历史上曾因少林寺"十三棍僧救唐王"有功,唐王颁诏少林寺拥有组建僧兵的特权。

图47.西客堂

西客堂一般是寺庙中负责接待宾客的堂室。

图48.破败的西禅堂

在法堂两侧相对的位置上,有东西两处禅堂,1928年毁于战火,1981年在原址上复原重建。

图49.东客堂的接待室

东客堂一般是寺庙中用来接待宾客的堂室。

图50. 东客堂

图51.法堂

法堂又名藏经阁,在大雄宝殿之后的中轴线上,是高僧讲经说法和收藏佛经典籍的地方。

图52.法堂内的经库

图53.法堂内的主佛、达摩像与面壁石

图54.方丈室正门

图55.方丈室

乾隆十五年（1750），清高宗弘历游少林寺时以方丈室为行宫，故又称"龙庭"。该室初建年代约为明初，经历代维修，现存建筑为清代遗物。

图56.廓然堂

廓然堂在方丈室的东边,又名廓然亭。

图57.方丈退隐处

方丈退隐处位于方丈室西侧。

图58.东厢

图59.西厢

东厢、西厢是常住执事僧起居和处理佛事活动的场所。

图60.立雪亭

立雪亭，又称达摩亭，建于明代，1980年重新修缮。相传这里是二祖慧可侍立在雪地里向达摩祖师断臂求法的地方。

图61.立雪亭
达摩像

殿内神龛中现供奉达摩祖师的铜坐像,是明嘉靖十年(1531)所铸。

图62. 地藏殿内的地藏菩萨像

图63.地藏殿

地藏殿位于千佛殿西侧,与白衣殿相对,始建于清初,因年代已久,顶部坍塌,1979年重建。

图64.地藏殿内的阎王及十王像(一)

图65. 地藏殿内的阎王及十王像（二）

图66. 白衣殿内的白衣菩萨像

图67.白衣殿

白衣殿位于千佛殿的东侧,创建于清初。殿内因供白衣菩萨像而得名。

图68. 白衣殿内的壁画（一）

图69·白衣殿内的壁画（二）

图70.千佛殿

千佛殿，位于立雪亭后方，又名毗卢殿，是寺内最后一进大殿。

图71.千佛殿内主佛

佛龛中供明代铸造的毗卢佛铜像。

图72. 千佛殿内的壁画——五百罗汉

图73.千佛殿内的达摩像

图74.千佛殿内的石佛

东壁是明代雕刻的阿弥陀佛玉石像。

图75.甘露台

甘露台即跋陀译经处。

图76.少室山远景

图77.少林寺塔林

塔林，位于少林寺常住院西南的山坡上，是历代高僧的墓地，因代代重修，且数量较多，形成规模，因此得名"塔林"。

图78.塔林中的裕公塔

裕公塔位于塔林中部，建于元世祖至元二十四年(1287)，为六边形七级密檐式砖塔，高10余米，是塔林中最高大的古塔之一。

图79.裕公碑

图80. 塔林中的古岩禅师寿塔

图81.塔林中的唐塔

图82.初祖庵

初祖庵,位于五乳峰下的一个小山丘上,是宋代人为纪念"禅宗初祖"菩提达摩祖师而营造的纪念建筑,曾被毁坏,于1982年重修。

图83.初祖庵内的达摩像

达摩常游化于嵩洛之间,其修禅的主要方式是面壁静坐。

图84.初祖庵主殿的石柱（一）

图85.初祖庵主殿的石柱(二)

图86.初祖庵主殿内的壁画

图87.初祖庵院内碑林

图88.初祖庵中的塔

图89. 初祖庵内殿残影

图90.初祖庵内景象

图91.面壁洞前的石坊

图92. 面壁洞

面壁洞内有达摩、慧可二位禅师的石像。

图93.六祖手植的柏树

初祖庵大殿外东南角有一株巨柏,相传是少林禅宗六祖慧能从广东带回亲手种植的,俗称马柏。

图94.二祖庵

二祖庵，位于河南省登封市少林寺常住院对面的少室山钵盂峰顶，是少林地区最高的建筑。

图95.二祖庵内慧可像

殿内供二祖慧可像,二祖庵在明嘉靖、万历、天启、崇祯及清康熙、道光时曾修。1988年又重修二祖庵大殿,1990年又在原山门处建门庭式简易门一座,并重建了围墙。

图96 钵盂山

钵盂山又名钵盂峰。因其形状周高中低，呈微凹状，似一个巨大钵盂，又名供养山。

图97.炼魔台

炼魔台，即慧可经行治疗的地方。

图98 法王寺全景

　　法王寺是中国最早的寺院之一,初建于东汉永平十四年(71),位于太室山,至今仍存。

图99. 法王寺十五层砖塔

法王寺十五层砖塔，位于法王寺西卧龙岭之巅，是一座十五层叠涩密檐式方形砖塔。

图100.永泰寺石雕香炉

永泰寺是佛教禅宗传入中原后营建的第一座女僧寺院,还是我国现存始建年代最早的一家皇家尼僧佛寺。

图101.嵩阳寺伦统碑

嵩阳寺伦统碑,刻于东魏孝静帝天平二年(535)。是河南现存最早的一通螭龙盘首的碑刻,被称为"释教造碑之始"。

图102.会善寺净藏禅师塔

位于嵩山太室山南麓积翠峰下，初建于唐天宝五年（746），分别在1964年和1998年进行修缮。

图103.嵩岳寺塔（一）

嵩岳寺塔位于河南省郑州市登封市太室山，建于北魏正光年间，该塔平面呈十二角形，塔檐共有15层。

图104.嵩岳寺塔(二)

嵩岳寺塔是中国境内现存最古老的密檐塔。

图105.碑楼寺刘碑正面

图106.碑楼寺刘碑侧面

碑楼寺刘碑位于登封市,刻立于北齐天保八年(557)。后人因碑兴建佛寺,故名"刘碑寺",又为保护此碑建碑楼,俗称"碑楼寺"。

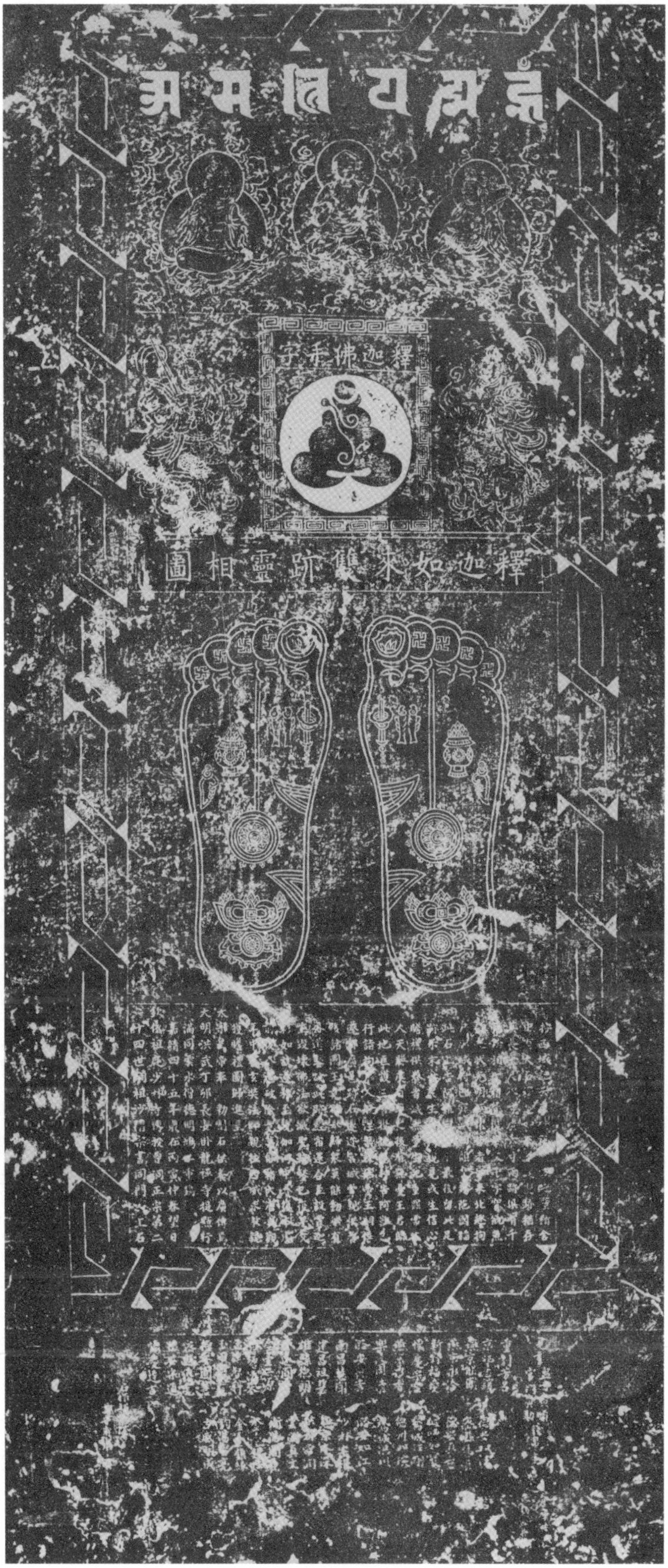

图107. 释迦如来双迹灵相图

图108.萧梁达摩大师碑

图109. 达摩大师折苇渡江图

图110. 慧可禅师像

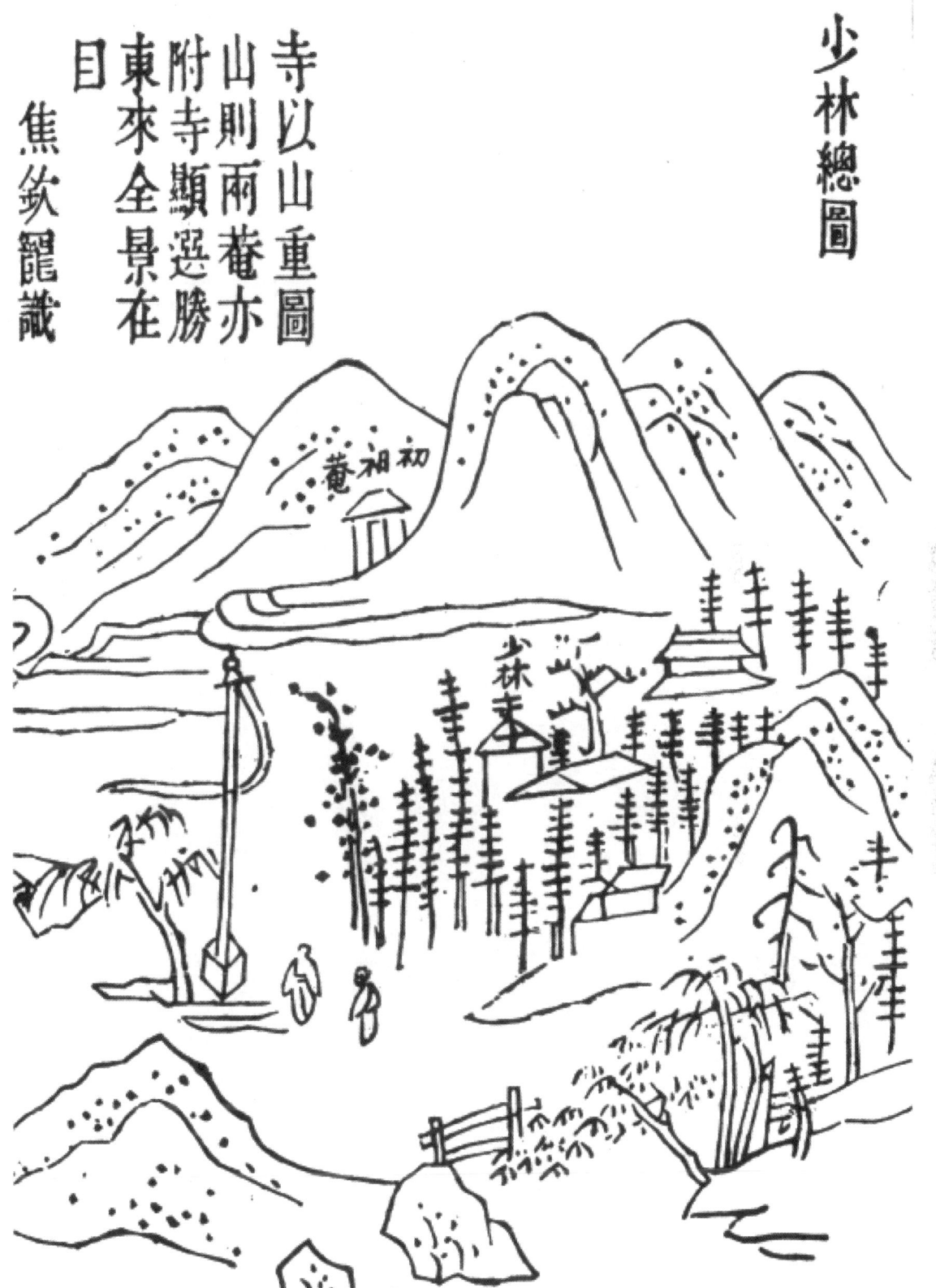

图111.少林寺手绘全景图（一）

图112.少林寺手绘全景图（二）

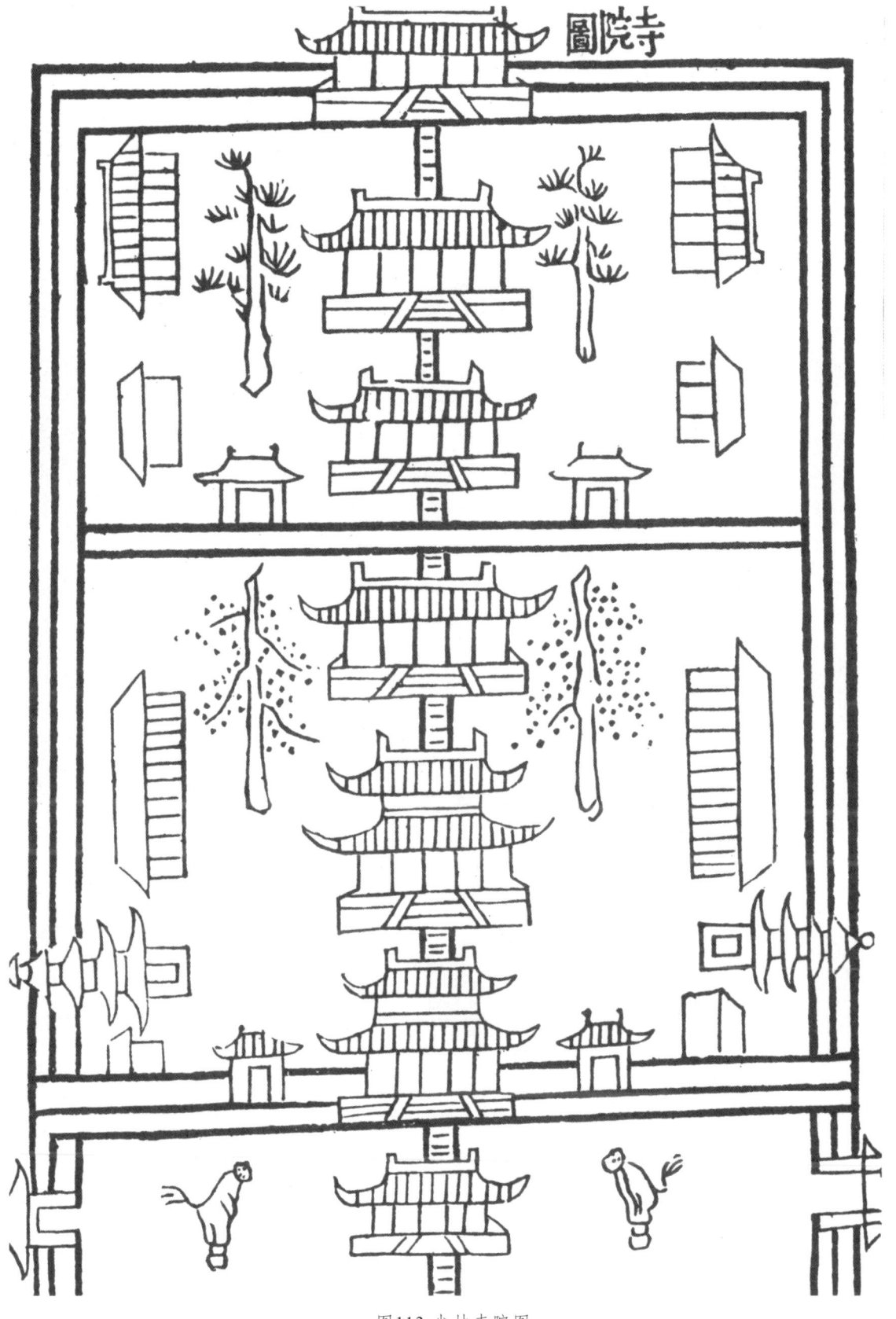

图113. 少林寺院图

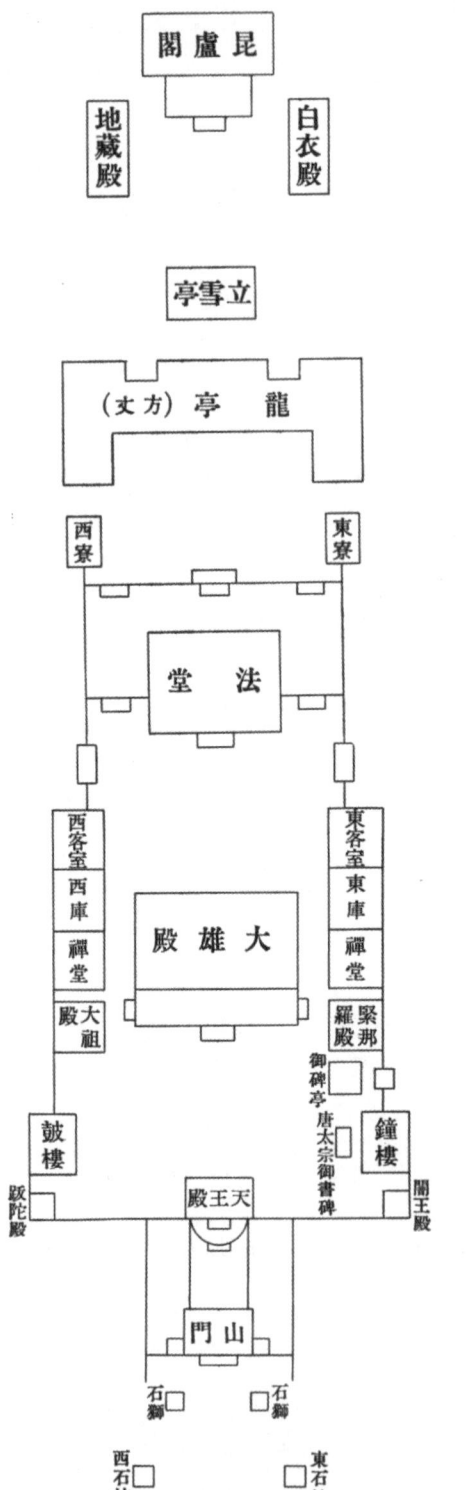

图114.少林寺伽蓝图

图115.初祖庵图

图116. 山门内达摩像碑

隻履西歸像

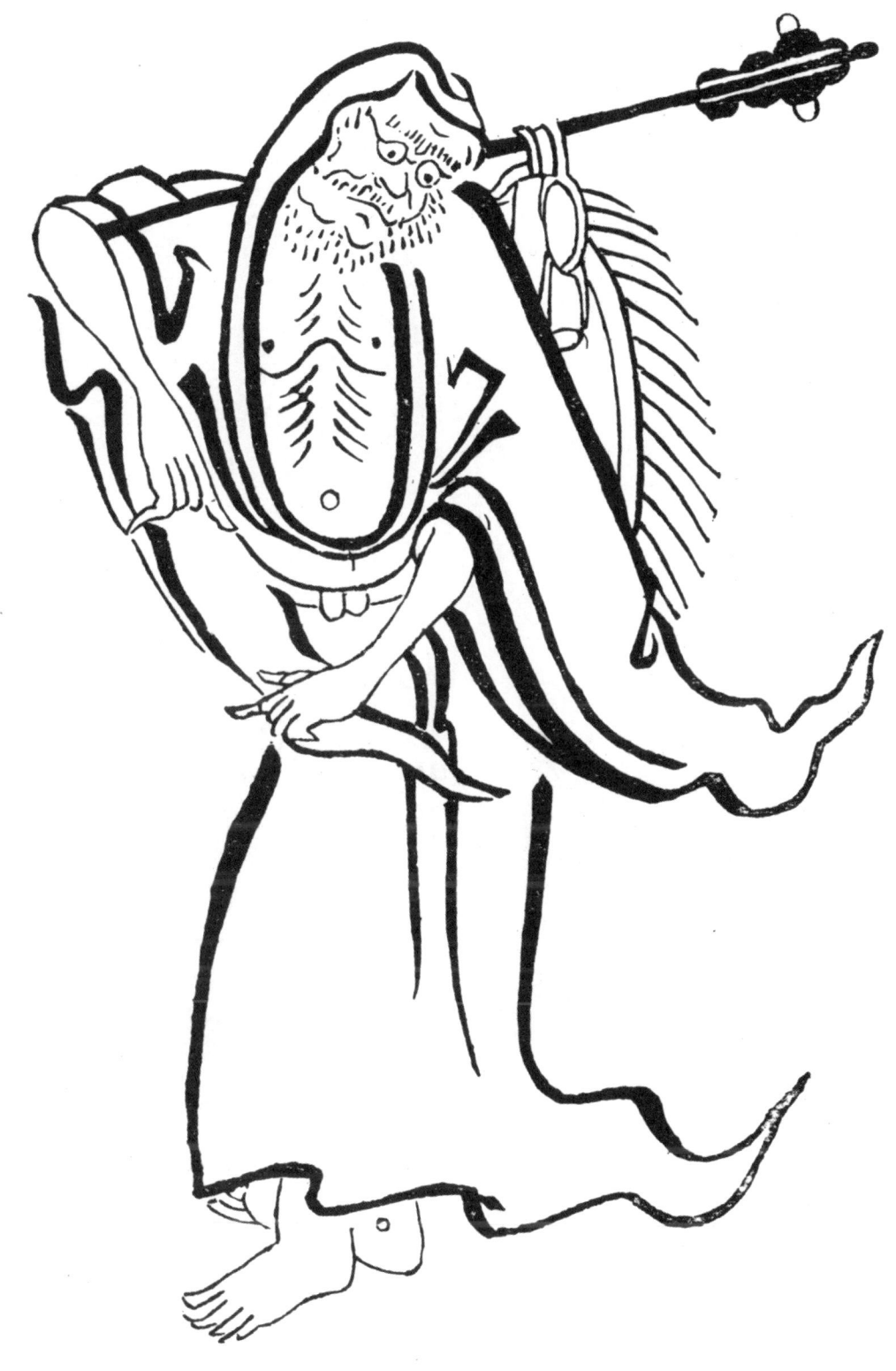

图117.双履西归像

魚籃菩薩像在鐘樓下

图118.钟楼下鱼蓝菩萨像

觀音像碑 吳道子畫在牆東

图119.观音像碑

图120.千佛殿外关夫子像碑

紧那罗像在殿内

图121. 紧那罗像

影石在初祖庵

图122. 初祖庵影石

图123.五乳峰面壁洞

鍾馗像碑在山門內達磨碑陰

图124. 钟馗像

后记

　　1930年春，谷快盛、渡边新五郎、田久江南等人曾随增田龟三郎先生一同来到我处。

　　增田先生前几年为买桐材而前往山东，为了找到上好木材他深入各地寻找，去到北京和天津的时候，他还算是做着本职工作，只顺便参观名胜古迹，但到了河南洛阳，他登嵩山，访少林，接触到达摩大师的相关遗迹之时，完全忘记了自己此行的目的。这几年时间里，他一直在北京四处奔波招聘摄影师，还购买了许多拓纸去洛阳，偶然看到山里石头上的文字也会悉数亲手拓写，不管建筑物是否腐朽破败，也都一一用相机记录，最后增田先生没有带回桐材，却带回了大量有关达摩大师的遗迹史料。他们几位向我介绍的增田龟三郎就是这样一位传奇人物。

　　这些史料不管是拿给禅门大师又或是史学专家看都无可挑剔，于质于量来说，都空前绝后。他们认为这般优秀的作品应该立刻出版发行，但在与各路出版方商讨出版相关事宜的时候，发现这并非易事，然而但他们觉得这样一本凝聚心血的至宝，不该湮没于世。为此要花费的金钱绝不在少数，但他们并不指望因此获利，或是回收经费，只是衷心地希望可以将这些资料成书，出版于世。他们问我是否有什么办法，增田先生也恳切地将希望寄予我身上。然后他们将片刻不离身的那些史料拿给我看。

　　我既不是历史专家也不是相关学者，更不是禅学大师，对于增田先生所收集的资料来说我完全是一个门外汉，这不是在鲁班门前耍大斧吗？并且面对的还是这些如此贵重的史料。此外，我其实还是日莲教（日本佛教）的信徒，但佛缘较浅，我准备拒绝此事，并建议他们去请禅家谋议。但他们如此热情托付，我也被增田先生的一片苦心打动，心生怜悯，决定先投身一试。

几天后，我将全部的史料送给东京帝国大学史料编纂官鹫尾顺敬博士查看，询问他这些是否可以出版，鹫尾博士说道："大概的情况我已经从增田先生那里了解到了，不过在看到实物之后还是被震撼了，我现在非常满足。这些史料十分具有出版的价值。编辑相关的事项请尽管交给我。"至此，我们得到了许多有助于出版的建议。

做这项工作其实是有违我信仰的，在我犹豫之际，增田先生直接就将这件工作塞给了我，转眼把出版时间定在了1930年五月，请鹫尾顺敬博士作为监修，我和增田先生为编者，如此定下了出版工作。

我们将誊写拓本的工作交给了谷快盛先生，那时正好赶上了夏天最热的时候，若打开窗户悬挂的拓本会不停地摇晃，所以只能将窗户关上，谷快盛先生一直全神贯注集中精力地工作，在极短的时间内誊写完了所有的拓本，在此非常感谢谷快盛先生辛苦的付出与努力。

就这样，将原稿和拓本送去了史料编纂所，在编纂所鹫尾顺敬博士的指导下，野村常重、堀中哲一两位专家负责对照原稿与拓本、整理标点符号、添加解说等工作内容。

另一方面，我们将实拍照片与拓本的制版工作交给了古坂照片制版所。这些照片需要色彩鲜明且雅致的制版，全部是特殊定制，古坂制版所的制作技术实在令人敬佩，竟然能将照片做出比原画面还生动的色彩。

接下来，在完成各项准备之后，最终预定于1931年三月末发行。按照我们现在的制版、印刷技术，要在发行之前完成其实并不困难，但因为遇到了一些阻碍，为了解决这些问题多花费了些时日。于是，同年八月末出版的心愿也未达成，说在年末之前可以发行也成了虚言。

许多的出版物都会有无法按期发行的情况出现，我不会以这些例子为挡箭牌来逃避责任，但讨厌空口虚言的我，还是想说一句，这并非我本意。

1931年十二月下旬，鹫尾顺敬博士将增田先生的游记与拓本的解说资料返还给了我，我们竭尽全力开始准备最后的收尾工作，将几个月前就做完的部分总结整理，完成最后的制本。

书籍预定的配送没能在原定时间内到达，我们不仅没收到投诉，反而受到了许多犒劳我们辛苦工作的问候，为我们完成最后的出版提供了许多的帮助。我并不是在自我吹嘘，但能出版这本书我真的感到非常满意且很光荣。能做出这样的成果，首先离不开各位对我们的包容和提供的帮助，十分感谢大家。其次，也离不开鹫尾顺敬博士以及野村、堀中两位学者所付出的巨大努力。负责制版、印刷、制本的人员能够不计利润地尽力实现我们的期望，我们也非常感谢。千言万语也无法表达我对各位的谢意，我会牢记大家为本书出版做出的贡献。

几位禅师为本书卷首题字以及题画，松本文三郎博士撰写了序文，中村不折画师则负责为本书封面题字，我在此替增田先生向这几位表示由衷谢意。

另外，在增田先生的介绍下，谷快盛先生和渡边先生一直在负责与发行会相关的同人活动，在此我也代替发行者木畑先生再次向诸位表达感谢。

1932年二月上旬

冈田荣太郎

本书主编

赵省伟："东洋镜""西洋镜""遗失在西方的中国史"系列丛书主编。厦门大学历史系毕业，自2011年起专注于中国历史影像的收藏和出版，藏有海量中国主题的日本、法国、德国报纸和书籍。

本书作者

增田龟三郎：日本木材商，生卒年不详。十九世纪一二十年代，往返中日之间，在中国寻找木材之余，探访大量名胜古迹，留下一批珍贵的影像资料与拓片。

本书编者

孙向召：文学博士，目前就职于焦作大学，近年来主持参与省部级及以上项目5项，在《河南师范大学学报(哲学社会科学版)》等学术期刊上公开发表论文近20篇。

本书译者

王雨柔：北京语言大学日语口译研究生。

内容简介

20世纪20年代，日本商人增田龟三郎游历中国各地，被中国的人文风景吸引，他雇佣摄影师，拍摄大量古建筑照片，其中嵩山地区的影像和拓片就收录于《菩提达摩嵩山史迹大观》中。本书选用了该书的照片部分，共计124张，以及日本学者松本文三郎所作序言，并附有增田龟三郎所写的"嵩山旅行记"。此照片集是迄今为止发现的较为全面的少林寺影像记录，即使是荒败的建筑，也有照片留存，因原建筑很多于1928年毁于大火，该书记录的寺庙建筑、佛像、壁画有很高的史料价值。

本书包含嵩山旧照片124张，按照空间大小介绍，从嵩山到少室山、再从少林寺山门到千佛殿、最后介绍少林寺周边初祖庵、二祖庵、法王寺等。